LES
SOCIALISTES

ET

LA SOCIÉTÉ,

PAR

M. LÉON SANDON,

Ancien avocat-général.

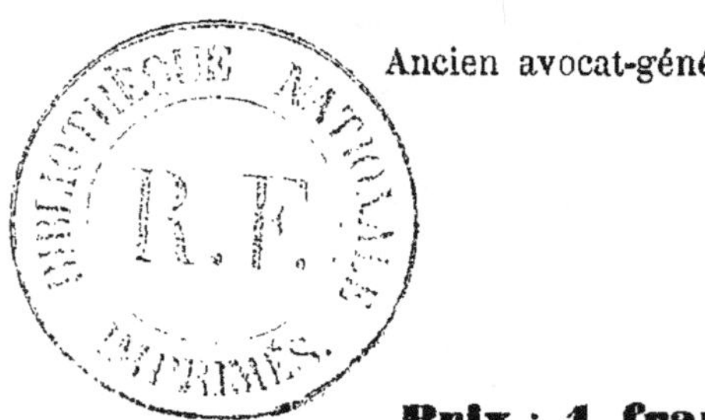

Prix : 1 franc.

PARIS,

GARNIER FRÈRES, ÉDITEURS.

Palais National.

—

1849

AVANT-PROPOS.

Ecce rerum novus nascitur ordo.
Virgile.

On chercherait en vain à dissimuler, en affectant une entière confiance, une inquiétude générale a saisi tous les esprits : où allons-nous? Telle est la question que chacun s'adresse. Les uns espèrent le bien par l'excès même du mal. C'est là le parti des égoïstes et des peureux ; quelque nombreux que soit ce parti, on peut être sûr qu'il ne gouvernera pas longtemps la France. D'autres se cramponnent à l'ordre de choses actuel avec toute l'énergie du désespoir. Hors, de ce qui existe, il n'y a rien, vous disent-ils, que l'anarchie, le chaos, la misère. Tout changement les épouvante, toute agitation les rend blêmes. D'autres, enfin, voudraient retourner bien loin en arrière, semblables à ces jeunes conscrits qui, au milieu des fatigues d'une première campagne, pleurent le soir, et songent à déserter, au souvenir de leur village ; pauvres enfants qui ne comprennent pas encore ce que valent les mots d'honneur et de patrie, ni toutes ces grandes questions de vie et de mort, de richesse ou de misère qui agitent les peuples et les individus, et qui ne savent pas souffrir pour un but qu'ils ne voient pas.

Pourtant le danger est imminent. Qu'on craigne ou qu'on espère, il faut marcher. Les grandes questions donnent peu de délais, et veulent être nécessairement résolues; mais, je vois les gueules des canons prêtes à vomir la mort, dira le soldat ; mais je vois la perte de ma fortune, la perte du repos de ma vie, dira le timide citoyen. Marche ! marche ! dit l'inflexible nécessité. Les questions veulent être résolues ; des masses innombrables vous poussent en avant, à la mort ou à la victoire, c'est ce que Dieu seul connaît. Il est nécessaire que quelques-uns meurent pour tous. J'y ai beaucoup réfléchi, je connais les obstacles. Depuis longtemps, j'ai étudié le terrain, j'ai étudié l'ennemi et ses mouvements (l'ennemi aujourd'hui c'est la misère), il faut la vaincre ou être vaincu par elle.

Je vais donc examiner et développer quelques-unes de ces terribles questions qui ne peuvent être éludées, y chercher des solutions qui n'amènent ni l'anarchie, ni le despotisme. Mon travail sera toujours utile, car j'indiquerai au moins les difficultés, si je ne les résous pas complétement ; j'indiquerai des moyens pratiques et fraternels, acceptables par tous les hommes d'intelligence et de cœur. Je veux que ces moyens soient appliqués par l'opinion publique éclairée et librement consultée.

Je répèterai aux impatients ce mot si profond de Napoléon : « Ce que j'admire le plus en ce monde c'est l'impuissance de la force à rien fonder. » Ce mot mérite d'être étudié par tout le monde, même par nous, républicains.

L'histoire nous montre qu'un ordre de choses ne disparait que quand un autre est déjà prêt à le remplacer. La société n'attend pas longtemps dans l'anarchie, et faute de mieux, elle garde ce qu'elle a, quoique souvent elle en connaisse tous les vices.

« Je sens que je vaux peu de chose quand je me juge impartialement dans le silence de ma pensée, disait un philosophe ; mais je sens que je vaux un peu plus quand je me compare. » On peut appliquer cette manière de juger à la société. On ne peut bien l'apprécier que par comparaison ; et l'objet de comparaison ne doit pas être seulement imaginaire ; il doit déjà être entré au moins à demi dans les faits, et sembler à tous possible et réalisable, redouté par les uns, ardemment espéré par les autres. Si la raison toute seule ne nous indiquait pas d'une manière évidente que les choses doivent en effet se passer ainsi ; l'histoire, qui n'est dans son ensemble qu'une magnifique épopée de la raison, nous serait une preuve irréfutable. Aussi, quand je vois Etienne de la Boétie s'écrier : « N'est-il pas étonnant que des hommes sensés, nombreux, forts, intelligents, se laissent gou-

verner par de petits tyranneaux sans cœur, sans viri-
lité, et les aident à les opprimer les uns et les autres, »
je comprends toute son indignation, je ne comprends
pas son étonnement. N'avons-nous pas vu, hier encore, chez nous, pendant que la France était divisée
en petits colléges électoraux, des hommes détestés,
ignorants, méprisés, élus dans leur arrondissement,
y exercer un despotisme odieux, et cela au milieu de
tant d'honnêtes gens ; tout le monde reconnaissait
que cet état de choses était mauvais; ces misérables
députés étaient réélus pourtant. Pourquoi? Parce que
ceux qui étaient d'accord pour critiquer, ne l'étaient
plus quand il s'agissait de mettre quelque chose à la
place. Les jalousies, les rivalités, le servilisme, l'indolence, maintenaient le *statu quo*, soutenaient le
petit tyranneau. Tant il est vrai que pour qu'une
puissance quelconque disparaisse, il ne suffit pas
qu'elle soit jugée mauvaise par la majorité mais que
cette majorité, soit d'accord sur ce qu'elle veut mettre
à la place.

Si nous acceptons ces idées commes vraies, et il
faut bien les accepter, et si nous examinons les luttes
qui nous agitent, nous reconnaîtrons que presque
toutes les attaques adressées à l'ordre de choses actuel
sont justes; nous verrons les critiques acceptées par
les plus fougueux conservateurs. Les misères, en
effet, sont immenses, les inégalités choquantes. Cela
est-il inhérent à la nature humaine? cela est-il inhérent à toutes les sociétés, et peut-on imaginer une
société purgée de tous ces scandales? Il est, sans

nul doute , des misères inséparables de la nature humaine ; la société doit tâcher de les adoucir, de les
combattre toujours, de les faire disparaître quand
elle peut. La société doit donc non-seulement lutter
contre les mauvais instincts de la nature humaine ,
elle doit encore développer toutes les facultés pré-
cieuses qu'elle renferme ; c'est même par ce développement qu'elle paralysera le mal, et elle a une force
immense pour cette lutte contre les tendances individuelles, car le bien , c'est l'intérêt général , et l'intérêt général , c'est la force de tous.

Aujourd'hui , nous assistons à cette lutte, et bon
gré, mal gré, il faudra que les questions posées soient
résolues. Il faudra que ce qui nuit d'une façon quelconque à l'intérêt général disparaisse. Mais, comme
il arrive toujours, la difficulté n'est pas de résoudre
la question, la difficulté est de bien la poser. Les intérêts particuliers, en effet, se coalisent, ils se pré-
tendent l'intérêt général, ils essaient sous cette cou-
leur de s'emparer du pouvoir, et alors ils éludent
toute solution disant qu'il n'y a rien à résoudre. Mais
comme le mal est dans la nature des choses, il renaît
toujours, et les questions se posent d'elles-mêmes
sans les partis et au-dehors de leurs agitations. Ce
que peuvent faire les partis, c'est d'y aider et d'en
profiter. L'homme s'agite , mais Dieu le mène , et la
logique des faits vaut mieux que celle des hommes.

Aujourd'hui, il y a beaucoup de mal dans la société, moins que par le passé, j'y consens volontiers ;
moins , par exemple, qu'à l'époque où Jean-Jacques

Rousseau, attristé profondément et meurtri par elle, écrivait que la vie sauvage valait mieux que l'état social; mais enfin, il y a beaucoup de mal. Les conservateurs frénétiques, les intérêts particuliers coalisés crient à la société sur tous les tons, dans tous leurs journaux : « Comment, on ose dire que vous êtes malade; oui, vous êtes malade, en effet, mais d'imagination; un peu d'exercice vous remettra; faites la guerre, chassez vos ministres, prenez-en d'autres, élevez des bâtiments et allez au spectacle, et tout cela se passera. » Les socialistes, au contraire, lui disent : « Votre état est désespéré, vous êtes pourrie jusqu'à la moelle des os, et vos membres sont déjà glacés. Croyez-moi, prenez ce breuvage et tâchez de bien mourir. Consolez-vous, au reste, vous ressusciterez avant peu, jeune d'une éternelle jeunesse, belle d'une éternelle beauté, et regardant Dieu face à face, Dieu la puissance infinie, la justice infinie, etc., pendant toute l'éternité. C'est séduisant. Donc, tâchez de mourir le plus tôt possible.» La société, entre ces deux écueils, marchera suivant les règles éternelles que nous avons pu apprendre dans l'histoire. Voyons donc quel peut être ce nouvel ordre de choses qui tend à remplacer l'ancien, ce que sont ces nouveaux droits qui veulent se faire reconnaître, ce qu'ils valent, ce qu'ils veulent détruire, la valeur de ce qu'ils veulent détruire, en quoi toutes ces prétentions diverses sont conformes aux principes de la justice éternelle, et comment elles sont réalisables.

Ces prétentions se formuleront en lois pour s'emparer de la société, et ces lois seront durables si elles expriment les rapports nécessaires qui dérivent de la nature des choses ; nous examinerons donc les choses et leur nature, c'est-à-dire dans la société, la religion, le gouvernement, les besoins intellectuels, physiques et moraux qui doivent être satisfaits.

Mais déjà on peut concevoir que nous n'arriverons à rien de parfaitement exact. Les rapports nécessaires qui dérivent de la nature des choses n'ont jamais été connus dans aucun temps, dans aucune société; sans quoi, ces rapports étant nécessaires, par conséquent invariables, on aurait eu des lois invariables comme eux, par conséquent parfaites ; et comme au contraire les lois de tous les peuples varient constamment, suivant leur degré de civilisation, ou suivant des accidents temporaires, on peut en conclure avec raison que la nature des choses n'a jamais été bien connue, et que mieux elle est connue, plus parfaites sont les lois. Le labeur de chaque société consiste donc à connaître chaque jour, de mieux en mieux, la nature des éléments qui la composent, et d'en faire une appréciation exacte afin de remplacer les rapports factices et accidentels par les rapports nécessaires et éternels. Là est tout le progrès ; si on ne trouve pas la vérité dans toute sa pureté, on peut au moins s'en rapprocher chaque jour davantage ; et c'est une raison pour étudier et chercher avec patience et conviction. L'esprit humain trouve rarement la vérité, mais sa gloire est d'être toujours en route pour la chercher.

-Dépouillant en nous toute passion, nous allons

chercher nous aussi, peser et examiner chaque chose à la lueur de notre raison appuyée sur notre conscience et avec l'aide de l'expérience des temps passés. Nous ne parlons ni aux partis, ni aux passions, nous parlons à la conscience et à la raison, nous voulons le bien pour lui seul, sans profit et sans gloire pour nous.

Nous traiterons successivement : de la religion, — de l'Etat, — de l'association, — du travail, — de la richesse, — du crédit. — Je donne aujourd'hui le texte intitulé : *De la religion.* Les autres paraîtront successivement, et dans la deuxième partie de mon travail, j'entrerai plus avant dans l'examen des faits actuels, et j'indiquerai quelques améliorations et solutions. Dans cette première partie, je pose les idées générales, les principes, tels que je les comprends; cette manière me semble la plus logique.

LES SOCIALISTES

ET

LA SOCIÉTÉ.

CHAPITRE PREMIER.

De la Religion.

Connais-toi, toi-même.

Tout homme apporte dans la société sa raison et sa conscience, et à l'aide de ces deux flambeaux, il tâche d'y vivre le moins malheureusement qu'il peut. Par sa raison, l'homme apprécie tout ce qui l'entoure, et tâche, par sa volonté, de se procurer tout ce qui peut lui être utile. Par sa conscience, il distingue le bien du mal et jouit intérieurement de la contemplation et du développement de toutes ses facultés.

Par notre raison nous jugeons des choses; mais la raison de chacun étant dissemblable, l'intérêt de chacun étant dissemblable, chacun juge des choses d'une manière différente. La raison conduit à l'individualisme, à l'égoïsme, et à tout ce qui en est la suite. La bourgeoisie, en France, est rationaliste, par conséquent divisée et égoïste. Et si quelquefois elle sembleunie, chose monstrueuse on voit une union entre des égoïsmes profondément divisés par leur nature. Ces égoïsmes, pour ne pas s'entre-déchirer, rongent un frein qu'on nomme la loi, et la loi, dans ses dispositions, exprime les rapports nécessaires qui dérivent de la nature des choses, telles qu'elles sont, bien entendu, mais non pas telles qu'elles devaient et peuvent être.

Je comprends parfaitement le rationalisme aristocratique, monarchique, constitutionnel ou bourgeois; ces sortes de gouvernements vivent d'égoïsme. Je ne comprends pas le rationalisme démocratique. Et si une démocratie parvenait à s'établir chez un peuple où chaque individu ne songerait qu'à lui et à sa famille, *omnia ad se referens et se ad nil*, comme disait Horace, cet égoïste plébéien, ce Michel Montaigne de l'ancienne Rome, la nature humaine s'étiolerait bientôt, privée de chaleur, mourante, ne pouvant plus pomper sa sève dans la térre glacée. La fraternité sera un mot bon à couvrir les murailles, à mettre même à l'entrée du bagne comme une insultante ironie, à côté des mots liberté et égalité. Nous avons vu cette triste école représentée en religion par Calvin, qui enseignait que Dieu avait créé des hommes pour être nécessairement damnés, quelle que fût leur volonté; en philosophie, par Montaigne, voulant que l'individu rapportât tout à lui; en politique, par M. Guizot, qui excitait et encourageait les égoïsmes en leur jetant sa maxime : *Enrichissez-vous*, et en voulant que la nation honorât et récompensât les égoïsmes les plus voraces. Expliquant, développant, garantissant autant que possible les droits de l'individu, cette école s'appesantissait peu sur les devoirs. Les devoirs consistaient à respecter en autrui les droits que la loi lui reconnaissait; et le pouvoir était le régisseur de cette compagnie d'assurances mutuelles. Un seul progrès était possible dans cette voie : le progrès des égoïsmes, le progrès de la corruption.

Le peuple de France, si généreux, partant si plein d'avenir, s'est senti gagner par un froid glacial, il a senti les pulsations de son cœur devenir plus lentes, il n'a pas voulu aller plus loin. Une révolution s'est faite, cette révolution ne peut pas, quoiqu'on fasse, marcher d'après les principes qu'elle a renversés; elle doit vouloir autre chose et mieux, non-seulement dans le gouvernement, mais dans la société. Qu'elle cherche donc son principe, qu'elle s'appuie sur sa base, qu'elle se souvienne avant tout que la raison seule est un mauvais élément de civilisation, que l'homme a aussi sa conscience, ou il peut découvrir des vérités fécondes, sublimes, et tenter leur réalisation. C'est ce que voulait dire Jean-Jacques, lui, le philosophe de tant de cœur, quand voyant la philosophie du dix-huitième siècle préparer une société où tant d'éléments poussaient à l'individualisme, une société d'intérêts particuliers, et prévoyant ce que pourrait être cette société, il s'écriait : *L'homme qui pense est un animal corrompu.* Et malheureusement il faut bien le dire, si la démocratie a tant de peine à s'établir en France, et à y porter des fruits savoureux, c'est que cette froide, ricanneuse et sceptique école du dix-huitième siècle, qui dessèche le cœur au profit de la raison, est descendue de l'aristocratie de Louis XV à la bourgeoisie de la Restauration et de Louis-Philippe, et de cette bourgeoisie dans une partie considérable du peuple. Dès lors chacun cherche à faire son chemin tout seul, le frère s'isole de son frère, le fils de son père, et tâche de monter en laissant en chemin sa conscience, et en brisant les liens qui font le bonheur de la vie. Le camp démocratique serait alors une vaste agglomération d'envieux, de jaloux, d'où chacun sortirait à mesure qu'il le pourrait, agglomération sans but, sans avenir, impuissante même à détruire, car on ne peut pas détruire sans fonder. Et qu'aurait-on pour remplacer l'ordre de choses actuel? Rien.

Mais nous avons dit que le plus grand élément de la perfectibilité humaine était dans la conscience de l'homme. Chaque homme est ce qu'il croit être. J'émets cette idée hardiment, et la maintiens vraie quoiqu'au premier aspect elle semble un paradoxe. Généralisant cette maxime, on peut affirmer qu'elle est vraie pour les sociétés comme pour les individus. On va voir que je vais établir cette vérité d'une manière péremptoire, on va voir que cette idée est la cause nécessaire de toute amélioration individuelle et sociale. Là est la clef de toute la philosophie de l'histoire, la source de toutes les inquiétudes, de toutes les agitations qui troublent aujourd'hui l'Europe.

Connais-toi, *toi-même*, était-il écrit sur un temple de l'antiquité. Comment l'homme se connaîtra-t-il lui-même? Comment ensuite, quand il aura acquis cette connaissance, la transmettra-t-il aux autres hommes? Quelle méthode emploira-t-il pour se connaître lui-même. Comment propagera-t-il son secret? Quelle preuve donnera-t-il de la véracité de ses assertions? S'il est sûr d'avoir atteint la vérité, quel moyen aura-t-il pour la transmettre dans toute sa pureté d'âge en âge, et la tenir toujours sous les yeux des hommes pour qu'ils en soient fortement saisis, éclairés, vivifiés, heureux, ou malheureux et épouvantés.

Et remarquez que pour que cette connaissance de lui-même soit féconde chez l'individu, il faut qu'elle jaillisse chez lui tout armée pour le combat, avec tous les caractères que je viens d'indiquer; il faut que cette connaissance soit exacte, durable, transmissible aux autres avec tous ces caractères d'exactitude et de durée; car des milliers d'accidents viendront lutter contre : accidents venant des faits, et des choses et des hommes; et si cette connaissance vacille, elle sera étouffée, et après avoir jeté un éclat passager, elle s'éteindra dans la nuit des temps, laissant tout au plus un souvenir. Les grands ambitieux vous diront qu'ils ont réalisé leurs rêves en y pensant toujours, dans toutes les positions, à travers tous les obstacles; les grands penseurs vous diront qu'ils ont réalisé leurs sublimes découvertes en y pensant toujours. De même une société ne réalisera d'améliorations que lorsque la majorité des individus qui la composent aura une connaissance exacte de ses droits et de ses devoirs, et que cette connaissance se transmettra toujours exacte de générations en générations, invariable devant les hommes et les événements qui la contrediront.

Ainsi, si l'on se demande pourquoi l'Indien de l'Asie centrale, pourquoi le Chinois, le Japonais vivent depuis des siècles inconnus dans un ordre de choses qui semble immuable; pourquoi, malgré les convulsions de la guerre intérieure et étrangère, les envahissements et tout ce qui caractérise la vie physique des sociétés, cet ordre de choses survit toujours? Les uns répondront naïvement : c'est que ces sociétés sont fortement constituées : d'autres diront, expliquant tout par des raisons physiques : la nature est si féconde, et prodigue aux habitants tant de richesses naturelles, que rarement la misère les aiguillonne, que tout les invite à s'endormir dans une heureuse indolence; le gouvernement favorise, ordonne même cette indolence, et l'imagination vive de ces peuples remplit le vide de cette vie monotone. Voilà du moins les observations que j'ai lues dans presque tous les auteurs qui se sont occupés de ce sujet. Ils admettent ainsi qu'il y a des climats où le peuple semble fait tout exprès pour le despotisme, ou du moins pour la servitude graduée, et que c'est là leur élément naturel, comme dans d'autres climats le peuple semble né pour la liberté.

Ces explications, toutes physiques, ne me semblent

pas une solution complète et satisfaisante de la question. S'il est en effet des peuples assez heureux pour
n'avoir jamais eu à subir les douleurs de la misère (ce
qui est fort contestable), toutes les sources d'infortune
ne viennent pas de la faim, ces peuples ont eu à subir
des oppressions, des cruautés. L'individu a pu voir sa
liberté détruite, sa maison incendiée, ses enfants et
souvent lui-même traînés en esclavage ; il a dû trembler pour sa vie. Il a dû voir d'autres hommes à côté
de lui jouir par le hasard de leur naissance, de la richesse, de la considération. Il a dû voir que par leur
structure corporelle ces hommes étaient soumis aux
mêmes infirmités que lui. Il a dû les voir souffrir, renversés, proscrits, malheureux. Cela se voit dans l'histoire de tous les peuples. Il n'y a pas de pays ou le
mal, de façon ou d'autre, ne se fasse rudement sentir.
Et l'homme, par sa nature, ne voit pas seulement, il
réfléchit sur ce qu'il voit. L'instruction du malheur a
rarement manqué aux individus et aux peuples. Partout, même à la Chine et dans l'Inde, ils ont pu désirer, par de puissantes raisons, un état meilleur que
celui qu'ils ont, et chaque génération a dû avoir de
ces raisons puissantes.

Chose singulière! ces peuples, à imagination si vive,
n'ont pu concevoir un ordre de choses radicalement
différent de celui qu'ils avaient sous les yeux. Leur
imagination, en s'élevant dans l'espace, regardait
toujours la terre. Ils n'ont jamais conçu que la possibilité de quelques améliorations de détail, que quelques changements de personnes. Leur paradis même,

leur rêve de béatitude dans l'autre vie, était une contrefaçon enjolivée des gouvernements de la terre. Tout était nécessairement, tout venait d'une puissance supérieure contre laquelle l'homme lutterait vainement. Telle classe sortait de la tête de Brama, et on devait s'incliner devant elle, telle autre de ses bras, etc. Les souverains étaient une émanation de l'Être tout-puissant, et il était dans leur nature de commander, comme dans la nature des sujets d'obéir. En vain les sages, et tout pays en a eu, essaieront de montrer au peuple quelque lambeau de vérité ; le moindre souffle viendra éteindre leur frêle flambeau. Il faut si peu de chose pour nous dérober la vue de la lumière : un tout petit corps placé devant nos yeux nous empêche de voir le soleil. Il en est de même dans l'ordre intellectuel et moral. Brutus douta de la vertu dans les plaines de Philippes ; et combien j'ai vu d'honnêtes gens que la vue d'un intrigant, d'un fourbe, d'un malhonnête homme qui acquiert des richesses et de la puissance par des moyens immoraux, faisait douter de la vertu. L'homme, pour croire à ses idées, a besoin de les voir se réaliser : et la raison seule, qui de sa nature n'exerce son activité et ne prend son point de départ que dans les faits, conduit souvent au doute et à la négation de la morale. L'histoire est un immense arsenal qui, examiné avec la raison seule, donne des arguments à toutes les causes.

Ce levier tout puissant, ce point d'appui qu'Archimède demandait dans le monde physique, où le trouver, où le prendre dans l'ordre moral pour soulever tout ce qui opprime la conscience humaine? Dans la conscience elle-même. Mais pour cela il faut que la conscience soit bien fixée, qu'elle ait une sanction à toutes ses inspirations généreuses, une sanction en dehors de ce monde et complétement à l'abri, un sanctuaire sacré et inaccessible aux impressions que peuvent produire toutes les agitations de la vie. Alors la conscience, comme une lampe qui brûle toujours, éclairera de sa vive lumière et pénétrera de sa douce chaleur. Elle fera trouver le bonheur dans l'adversité, et donnera au mal, qui est une négation, autant de juges et par conséquent autant d'ennemis qu'il y aura de gens à conscience pure. Or, les religions ont pour but de régler la conscience humaine, d'ouvrir une carrière à son activité. Mais il y a de bons et de mauvais règlements. C'est ce que nous verrons, en jugeant chaque religion d'après ses fruits. *A fructibus eorum judicatis eos*, est-il écrit dans l'Evangile de saint Mathieu.

Je dis que les religions ont pour but de régler la conscience humaine, et d'ouvrir une carrière à son activité. Je ne pense pas que cela soit contesté ; en tout cas je vais en fournir quelques preuves. N'est-il pas vrai qu'en assistant au spectacle de l'histoire, on voit la plupart du temps les vices puissants et oppresseurs, et les vertus faibles et opprimées. La vertu fut toujours en minorité sur la terre, s'écriait Robespierre à la Convention nationale ; et ici, si nous voulions chercher des prétextes d'éloquence, nous pourrions trouver des milliers d'exemples illustres dans l'histoire ancienne et l'histoire moderne. Qui donc pourra faire croire aux hommes vertueux qu'ils ne jouent pas dans l'humanité le rôle d'éternelles dupes? Il faut nécessairement une sanction à leurs principes: cette sanction ne peut être que la conviction profonde, qu'ils arriveront par leur persévérance à conformer leur vie à ce qu'ils croient la vérité, à un plus grand bonheur que ceux qui suivent une autre voie. Et comme ce bonheur ils le trouvent rarement en cette vie, et que, néanmoins, il est nécessaire comme sanction, dérive logiquement la croyance à une autre vie où toutes nos actions seront appréciées, récompensées ou punies par l'éternelle justice. L'opinion plus ou moins exacte que les diverses religions donnent de cette éternelle justice, ses règles, ses modes d'appréciation, l'explication qu'elles donnent par suite des choses de ce monde constituent leur plus ou moins grande pureté, leur plus ou moins grande aptitude à développer dans les sociétés le principe de la perfectibilité humaine et les améliorations sociales qui en découlent.

En effet, si ces hommes vivent sous l'empire d'une religion qui a réglé la conscience humaine de manière qu'ils sachent qu'ils naissent tous égaux devant la justice éternelle, qu'ils n'ont qu'un maître qui est cette justice; que la puissance, les actions d'éclat, les richesses ne grandissent pas l'individu devant cette éternelle justice, que ce qui le grandit c'est la pureté de sa vie, avec une définition de la pureté, définition expliquée et commentée par des préceptes, ces hommes seront forts contre la puissance matérielle. Ces hommes sauront qu'ils sont égaux, libres, frères, faits pour s'aimer et s'entre aider ; que toute puissance de la terre n'a de raison d'être qu'à condition de travailler au bien-être général, et que c'est la seule cause pour laquelle ils doivent lui obéir. Du moment que les hommes sont profondément convaincus de ces vérités premières, peu importe qu'on leur commande d'obéir aux puissances établies; ce sera là un bon conseil de prudence d'abord, ce sera ensuite un avis de tout attendre du temps, du perfectionnement de la conscience publique, de l'opinion publique qui en sera la manifestation ; ce sera, en d'autres termes, l'énonciation de cette vérité que Napoléon avait découvert par expérience et qui l'avait si profondément frappé, c'est-à-dire l'impuissance de la force à rien fonder. Est-ce que les mauvais gouvernements seront durables malgré ce précepte de leur obéir quand ils auront un juge inflexible dans la conscience de chacun? Le moindre choc intérieur ou extérieur les brisera ; et ici qu'il me soit permis de dire que Jean-Jacques Rousseau s'est singulièrement trompé dans son *Contrat social*, quand il dit que ce précepte d'obéissance énervait les peuples et favorisait la tyrannie. Au contraire ce précepte est éminemment profond, éminemment sage. Les gouvernements ne meurent jamais définitivement de mort violente ; quand ils meurent de cette manière, ils ressuscitent toujours. Tout gouvernement, quel qu'il soit, a ses raisons d'être, ses causes qui l'ont produit : il faut que ces causes disparaissent d'abord, et l'effet disparaîtra avec elles. Le mal vient vite et s'en va lentement. Que ceux qui se sont laissé corrompre subissent les effets de la corruption ; c'est une chose naturelle, morale, donnant aux peuples l'expérience qui est leur richesse. On apprécie mieux la vertu quand on a subi les cruelles conséquences du vice, et l'expérience de la vie s'achète et ne s'accepte pas pour les individus comme pour les nations. Mais, pourra-t-on me dire, un mauvais gouvernement trop longtemps subi peut faire, par la suite des temps, une nation à son image et la corrompre comme lui. Oui, cela a pu arriver dans de larges proportions chez les peuples de l'antiquité ; mais, dans notre moderne Europe, quand un peuple est bien convaincu de ses principes, quand sa conscience est définitivement réglée, les mauvais gouvernements meurent vite, on l'a vu, à la première agitation, et pour ainsi dire sous le seul regard du peuple.

La conscience humaine, telle qu'elle a été réglée par le Christ, c'est-à-dire l'idéal de la moralité humaine, et par suite l'idéal de la perfectibilité humaine, est une conspiration éternelle contre tous les gouvernements établis, conspiration lente, sourde, mais qui marche infatigablement et qui atteindra sûrement son but. Le Christ a eu beau recommander l'obéissance à César, j'ai dit plus haut ce que signifiait ce commandement ; l'homme est toujours homme, il tend nécessairement à réaliser ce qu'il sait être bien ; il le réalise d'abord en lui, autour de lui, dans sa famille, et chacun faisant de même, ainsi se posent les bases solides d'un nouvel ordre de choses. A-t-on jamais vu un peintre ne pas peindre sa maîtresse? Il en est de même de l'homme : si sa conscience lui indique les vrais principes de moralité, de dignité humaine, il tendra nécessairement à réaliser une part de ces principes non seulement dans la vie privée, mais dans la vie publique, dans les institutions, si tôt qu'il sera amené à y prendre part. Des intérêts personnels, individuels, des transactions de conscience, des coalitions d'intérêts privés, que sais-je, la nécessité de ce qu'on appelle le possible en politique, paralyseront les meilleurs intentions. Tous ces empêchements sont passagers. Le principe posé en germe se développera, et comme une goutte d'eau tombant toujours au même endroit use à la fin le marbre, de même la conscience jaillira souvent en jets vigoureux, et décomposera peu à peu la matière inerte, l'épaisse et solide couche pétrifiée des intérêts, des passions égoïstes quelque puissante que soit leur organisation. Un jour ce sera une victoire remportée, le lendemain une autre, et ainsi de suite jusqu'à la réalisation complète des rêves de l'humanité. La conscience ainsi épurée, ainsi réglée, et avec ses innombrables trésors, mis à l'abri des tempêtes du monde, se perpétuant ainsi d'âges en âges et les dotant successivement de ses bienfaits, ira de gouvernements en gouvernements à la conquête de l'éternelle vérité : on pourra la comparer à cette magique échelle de Jacob sur laquelle les générations montent, montent sans fin, se rapprochant à chaque

degré plus près du ciel. Les transformations sont in-
finies, et personne ne pourra dire : il n'y a plus rien
à changer, il y aura toujours à changer tant que la
conscience humaine ne sera pas satisfaite ; et la conscience humaine, qui a pris pour règle la morale du
Christ, n'est pas prête d'être satisfaite de si tôt. Les
puissants auront beau s'étourdir du bruit de leurs canons, s'assurer sur le nombre de leurs soldats, la divine morale est toujours là qui conspire ; et chaque
soir ils pourront voir se lever dans leur ciel une étoile,
et cette étoile les conduira sous un toit de chaume où
ils verront une femme et son enfant au sein de la
misère, couverts de haillons, et ils devront tomber
à genoux et déposer devant eux l'or, l'encens et la
myrrhe.

Mais ainsi qu'il y a des religions, celle du Christ
par exemple, qui ouvre à l'activité humaine une immense carrière, et lui montre l'humanité indéfini-
ment perfectible, de même des intérêts égoïstes,
coalisés, peuvent corrompre cette religion, et de sa
nature, qui est une protestation permanente contre
l'ordre de choses établi, vouloir en faire une esclave
permanente. Nous verrons comment ils s'y sont pris
pour atteindre ce but. De même il y a d'autres religions dont l'unique but est de courber la conscience
humaine devant les faits, de les diviniser à ses yeux,
de les montrer nécessaires. Chez les peuples où ces
religions sont établies, le progrès est impossible, ou
s'il arrive, il arrive par l'abus même du mal. On sait
que le mal est une négation. Eh bien, en poussant

son principe aux extrêmes conséquences, il finit, quand il a tout détruit, par se ronger et se détruire lui-même. Malheureux les peuples qui achètent la vérité à ce prix ; cette vérité que leur expérience constate leur sert rarement : elle sert à d'autres peuples qui viendront les remplacer sur la surface de la terre, et absorberont d'eux les misérables restes qui auront survécu à la dévorante puissance du mal. Un peuple ne meurt jamais que quand le principe de son existence est déjà mort, mort par ses abus ou par l'effet de son absorption par un principe plus vrai, plur pur, plus en harmonie avec les destinées de l'humanité. La Grèce antique, malgré ses poètes, ses orateurs, ses arts si perfectionnés, son admirable instinct du beau, la bravoure de ses habitants, a pu mourir comme nation, Rome a pu mourir, et tant d'autres nations, parce que le principe de leur existence, la manière dont elles réglaient la conscience humaine, la carrière qu'elles ouvraient à l'humanité, dont le mobile était aussi connu d'avance, avaient porté tout leurs fruits, que ces fruits étaient amers, et que l'homme rêvait mieux encore. Pour atteindre mieux encore, il fallait changer de principe. Le Christ vint, et à la douce chaleur de son onctueuse parole chacun sentit vibrer dans son âme des fibres inconnues, chacun put voir face à face les trésors de sa conscience, et s'enivrer de cette mélodieuse contemplation ; l'homme commença à se connaître lui-même, et comme les lois sont les rapports nécessaires qui dérivent de la nature des choses, il vit que toutes les lois étaient bien imparfaites et répoudaient bien peu à sa nature. De ce moment commença le grand travail de la réhabilitation de l'homme que ne pourront arrêter ni les massacres, ni les bûchers, ni les proscriptions, ni la ligue des puissants, ni leur cruelle tyrannie. Phénix renaîtra toujours de sa cendre, toujours l'humanité s'avancera dans l'avenir, dans un avenir qui sera meilleur.

Cette vigoureuse impulsion, donnée à l'humanité, cette lutte persistante contre ce qui gêne ses généreux instincts est visible, surtout dans les temps modernes; c'est le fruit de dix-huit siècles de christianisme, c'est l'effet nécessaire de l'épuration de la conscience. Que pourra désirer l'Indien, le Chinois, que pourra-t-il désirer changer fondamentalement dans la société? sa morale dégradée, corrompant sa conscience, lui dit que les hommes ne naissent pas égaux, ni libres; sa morale se fonde sur un vaste panthéisme qui lui enseigne que tout ce qu'on voit en ce monde est une manifestation de la force toute puissante, de l'éternelle activité, aussi nécessaire que la respiration l'est à l'homme pour vivre. L'homme lui-même n'est qu'une émanation de la grande âme universelle, vivant d'une parcelle de sa vie, et subissant son influence dans le bien comme dans le mal, et livrant à la mort ce qui reste de lui aux puissances et aux éléments analogues. Dans le panthéisme, l'individu est absorbé, dépouillé de sa propre initiative, par conséquent irresponsable; il est un rouage de la machine du monde, il se laisse mouvoir, sans crainte et sans espérance, jouissant le mieux qu'il peut de cette vie, et n'ayant une grande activité qu'exceptionnellement, quand les heureuses facultés inhérentes à l'humanité se développent en lui malgré l'assoupissante atmosphère sociale où il vit. Dans ces circonstances, l'humanité ne tend pas activement à une perfection continue ; elle peut l'espérer, elle peut l'attendre des révolutions générales de la grande machine de l'univers. Mais elle ne peut y tendre activement ; elle n'en a pas le principe, l'idéal en elle ; elle n'a pas la conscience d'elle-même. L'homme ne s'y connaît pas lui-même, il n'a pas le mobile de cette conspiration individuelle permanente, qui lui fait juger mauvais ce qu'il voit, cette pierre de touche intérieure à laquelle il rapporte tout. Ces conspirations individuelles se fondent en une conspiration générale, comme la conscience publique se forme des consciences individuelles. C'est ce qui fait que la forme de la société est excessivement solide chez les peuples où règne une religion panthéiste. Le gouvernement possède l'homme tout entier ; il le possède par l'action puissante des faits, de ce qu'il voit, de ce qu'il touche ; il n'a ensuite rien à craindre pour la forme sociale des consciences individuelles, par conséquent de la conscience publique, puisque la croyance est corrompue par la croyance religieuse au point de voir dans cette forme une nécessité absolue, un ordre divin. En vain me dira-t-on, et aujourd'hui on ne dit que cela, la raison de l'homme est la seule source du progrès, c'est elle qui le conduira à ses destinées, c'est à elle que nous devons la civilisation moderne. Non, répondrai-je, mille fois non, cela n'est pas vrai. Louis Blanc l'a fort bien vu dans son Histoire de la Révolution. Quand elle veille seule dans le silence des autres facultés, l'intelligence, dit-il, se fatigue bien vite et s'épouvante; elle en vient à douter de tout, à douter d'elle-même, et il faut qu'elle puisse s'oublier au sein d'une ivresse heureuse. Cette ivresse de l'intelligence, c'est l'imagination. La foi repose de la pensée, etc. Cette citation seule suffit pour montrer que la vérité que j'annonce a été pressentie par tous les esprits doués d'une grande élévation.

Est-il besoin de demander ici quelle grande amélioration sociale les Romains ont léguée au monde? Rien, presque rien. Leur liberté était une association entre de puissants égoïsmes se garantissant mutuellement l'exploitation du genre humain sous toutes les formes. En vain Spartacus réunira autour de lui une armée d'esclaves, en vain il aura le bon droit pour lui, et pendant quelques temps la force matérielle, Spartacus ne porte au monde aucune vérité nouvelle, aucun nouveau système qui puisse remplacer ce qui existe. Il aura en vain la confiance de sa force, de ses droits, de la justice de sa cause, il sera vaincu; car il aura besoin pour ses idées de la sanction des faits, et les faits le démentiront à chaque instant. Le découragement s'emparera de ses soldats, et une fois vaincus, ils s'humilieront pensant que leur misère est incurable, et que le monde est fait pour la jouissance de quelques-uns. Dans ce cas, l'émancipation est seulement individuelle, et comme quand l'un monte l'autre descend, pour la généralité des individus les choses restent les mêmes. Il n'y a pas d'émancipation collective, et cela, je le répète, parce que la conscience humaine n'est pas réglée, parce que l'homme ne se connaît pas lui-même. Il en est ainsi dans presque toute l'histoire, et ce n'est que de nos jours, depuis que le christianisme a porté ses fruits les plus exquis, qu'on voit décidément un mouvement irrésistible pousser toutes les générations vers une émancipation complète.

Voyons cette marche, voyons comment elle a pu se faire à travers tous les obstacles, qui ont été de plusieurs espèces, parmi lesquels les plus dangereux ont été et sont encore ceux que créent les prêtres. Les prêtres depuis longtemps semblent avoir oublié que leur mission est de servir le christianisme ; au lieu de cela, ils aiment mieux s'en servir. Car l'homme est toujours homme sous quelque habit qu'il se cache, toujours égoïste, toujours ambitieux, et le christianisme porte ses fruits malgré les prêtres, comme la révolution malgré les révolutionnaires. Oui, il faut être impartial et dire la vérité à tout le monde, même à ses amis. Les hommes dévoués par conviction pure sont rares, et c'est une marque d'une bien puissante vérité dans une cause quand elle triomphe avec des défenseurs répréhensibles, quand l'œuvre à laquelle ils ont travaillé les fait triompher avec elle, et les enveloppe de son auréole.

Mais revenons : le christianisme disions-nous, réglement sublime, idéal de la conscience humaine, mobile invincible d'une aspiration permanente à une perfectibilité continue, est de sa nature une conspiration contre l'ordre de choses établi : c'était un dangereux commensal pour les puissances qui étaient obligées de le subir. Les Romains l'avaient bien vu et disaient vrai quand ils disaient que le christianisme était l'ennemi né de la société, et qu'avec lui toute société était impossible. En effet, le christianisme menace tous les égoïsmes dans l'avenir, et suspend sur leurs têtes l'épée de Damoclès. Aussi les puissances se sont attachées à paralyser sa dangereuse influence; elles ont essayé de se faire diviniser par lui, de faire corps avec lui, de le déclarer religion de l'État, d'asseoir les prêtres sur les marches des trônes. Ainsi tout en reconnaissant qu'ici bas, les inégalités sont monstrueuses, que le mal étouffait le bien, on convenait mutuellement de n'y rien changer, de consacrer même ce qui était, ajournant à l'autre monde le règne de la vérité, la réparation générale. On renouvelait le supplice de Mezence, on joignait ainsi des corps pleins de beauté et de jeunesse à des cadavres, la conscience aux faits. La religion païenne aussi soumettait la conscience aux faits et divinisait l'État, les religions orientales en font autant et l'État y était très solidement appuyé, car la conscience égarée n'avait pas de point d'appui pour l'attaquer; mais remarquez que préalablement on corrompait la la conscience. Or, remarquez que quand on a voulu souder le christianisme à une forme de gouverne-

ment quelconque, on était obligé de respecter la foi,
la conscience, en ajournant seulement son triomphe
dans une autre vie. Mais la conscience peut-elle rester pure et se soumettre longtemps à de pareilles conditions? J'en doute, et je répète après Racine : La foi
qui n'agit point, est-ce une foi sincère? Aussi voyons-
nous le mouvement progressif s'arrêter dans les pays
où cette monstrueuse alliance a été consommée. En
Espagne d'abord, où il y avait une religion de l'État,
et par contre-coup un État de la religion, c'est-à-
dire, un État exclusivement consacré par elle, toutes
les facultés généreuses de ce peuple ont abouti à une
consomption générale, et il semble n'avoir plus foi
dans l'avenir. C'est pourquoi il le redoute, et voudrait dans la peur qu'il en a s'ensevelir vivant comme
Charles-Quint, dans le manteau du passé. C'est un
triste symptôme quand les peuples craignent l'avenir;
c'est une preuve qu'ils n'ont plus rien à faire, le passé
ne se refait pas; il ne leur reste qu'à mourir, et à cé-
der la place à d'autres ; à moins qu'une révolution ne
vienne leur verser une nouvelle jeunesse, une sève
féconde, en séparant la conscience des pouvoirs, en
l'armant de nouveau pour la lutte, en faisant que
chacun se connaisse lui-même, et veuille devenir ce
qu'il croit être. Ces changements sont difficiles quand
une longue habitude a fait un devoir du respect aux
choses établies, un devoir de conscience. Un changement n'est possible qu'au prix de longues et doulou-
reuses tortures, et bon nombre pensent que, dans ce
cas, il est plus héroïque de mourir, oui de mourir,

car l'orgueil d'un peuple n'est pas moins profond que celui d'un individu, et ne veut pas accepter la vérité qu'il n'a pas trouvée le premier, oubliant que la vérité est à tous.

Mais si nous pouvons dire à juste titre ces paroles sévères sur le système qui a régi la catholique Espagne, nous n'en avons pas de moins sévères à dire sur beaucoup d'États protestants ; car beaucoup de ceux-ci ont fait un pas et se sont arrêtés, d'autres n'ont fait que changer de joug. Quand la papauté qui s'était donné et qui avait souvent rempli le sublime rôle d'interprête de la conscience des peuples, fut arrivée, au moyen de ce puissant levier, à l'étonnant degré de puissance que l'on sait, elle oublia vite que cette puissance avait pour base la conscience humaine, pour causes l'appui qu'elle lui avait prêté dans sa lutte contre les gouvernants, dans sa marche vers le progrès, dans l'humiliation du fort et l'élévation du faible. La papauté un jour voulut s'arrêter. Qu'avait-elle à désirer de plus, elle était reine du monde. Il ne lui restait qu'à jouir de sa puissance, à l'orner, à l'embellir. Mais les peuples avaient beaucoup à désirer encore, et eux ne s'arrêtèrent pas. Marche, marche, leur criait leur conscience, vous avez encore des combats à livrer, telle est la voix que chacun entendait en lui, marche vers l'avenir, et toujours, jusqu'à ce que la conscience humaine soit satisfaite.

La papauté enfin commença à se diviniser elle-même, et cela était très juste, si elle se donnait pour unique but d'aider la conscience humaine dans sa lutte contre les forts. La conscience humaine, reflet de la vérité, est divine, sa lutte contre ce qui l'opprime est divine. La papauté, principal instrument de cette lutte, était divine. Il n'y a rien à objecter, tant qu'elle remplirait sa mission. Il faut au contraire que chacun l'aide, la soutienne, et exécute ses arrêts. Mais un temps arriva où le pape mit sa puissance aux mains des forts contre les faibles, et voulut enchaîner les peuples au pied des trônes ; le pape avait un trône ; il mit ses armes spirituelles au service de son trône, et de ceux de ses amis. L'excommunication devint une arme diplomatique. Courber la conscience humaine sous le joug d'une autorité capricieuse, excommunier pour des intérêts temporels, était un monstrueux abus. De ces deux funestes tendances naquirent deux révolutions. Elles devaient croître nécessairement et triompher. La première proclama la liberté de conscience, et rendit l'individu arbitre des éternelles vérités, déclarant la conscience de chacun souveraine; mais l'homme, comme dit Luther, ressemble à un paysan ivre à cheval : quand on le relève d'un côté, il tombe de l'autre. Chacun ayant foi en sa propre suprématie, se mit à chercher et à examiner ce qu'il fallait adopter, ce qu'il fallait rejeter. *La raison jugea la conscience,* et devint sa base. La raison est égoïste, on le sait; bientôt elle nia la conscience, se mit à sa place, et cette branche du protestantisme tomba de chute en chute jusqu'à Voltaire, jusqu'à Helvétius, Diderot et d'Holbach. C'est qu'en effet la conscience est avant tout une faculté de sentiment, qui ne doit avoir de juge qu'elle-même, de règle que la foi réelle, de sanction que sa propre contemplation. Ainsi, pour émanciper l'homme, pour le délivrer d'une autorité qui asservissait sa conscience aux pouvoirs, on nia sa conscience. C'est comme si un individu avait le bras pris dans un étau, et que pour le délivrer on coupât le bras. Ceux qui travaillèrent à cette œuvre de la divinisation de la raison, montrèrent combien l'homme était dégradé, humilié en s'assujettissant à des croyances et à des pratiques absurdes. Eh ! mon Dieu ! qu'importe le vase quand le breuvage qu'il renferme possède des qualités vivifiantes. Est-ce qu'il était possible de présenter à l'humanité sortie du paganisme la vérité toute nue ? Est-ce qu'il ne fallait pas ménager ses faiblesses et ses défaillances ? Une jeune mère ne pouvant habituer à ses traits son tout jeune enfant, prit les vêtements de la nourrice du village, et l'enfant s'habitua à elle et la chérit. Pourquoi donc reprocher au christianisme de s'être fait petit pour les petits, et prétendre à ce propos qu'il insultait la raison ? Non, il ne l'insultait pas, il la voyait telle qu'elle était dans toutes les conditions, et était tout à tous. Cette école exclusivement rationaliste, qu'on a pu, qu'on peut encore juger par ses fruits, qui a eu deux ou trois représentants illustres, non pas comme fondateurs, comme critiques seulement, a pu être jugée par ses fruits. Quand on dressa en pleine révolution française des autels à la Raison, Robespierre jugea de suite que là n'était pas le flambeau qui pourrait conduire l'humanité. Il voulut l'Être suprême, c'est-à-dire l'éternelle vérité (Dieu n'étant autre chose que cela), telle qu'elle était alors pressentie par la conscience humaine qu'avaient éclairée dix-huit siècles de christianisme. Chaumette, le grand prêtre du culte de la Raison, fut guillotiné comme anti-révolutionnaire. Chaumette était le continuateur de ce qu'on est convenu d'appeler la philosophie du dix-huitième siècle. Cette philosophie était anti-révolutionnaire, elle desséchait l'homme, tarissait les sources de l'enthousiasme, enfantait l'égoïsme et montrait l'avenir comme sortant des entrailles du hasard. Tant il est vrai, comme je l'ai dit, et comme je le répèterai à satiété, que la raison seule est un mauvais guide pour l'humanité. La raison ne s'exerce que sur les faits, par conséquent sur le passé et le présent, elle marche en regardant derrière elle et à ses pieds. Elle marche mal et gravite dans ces cercles dont parle *Vico*. La conscience, comme ces somnambules dont on dit tant de choses, voit l'avenir à travers des distances prodigieuses, lit ce qui est écrit derrière un mur épais. Les faits ne lui cachent pas la vérité ; elle la voit et y marche.

Donc, comme on voit, un des grands courants du protestantisme a abouti au rationalisme, semblable à un torrent qui, descendant des montagnes avec fracas, détruit tout sur son passage, et les arbres et les moissons et les troupeaux, et va s'engloutir dans un abîme. Le protestantisme s'est formulé en un second système, qui n'ayant aucune valeur comme initiative, ne portant à l'humanité aucune vérité nouvelle, ne l'affranchissant d'aucun joug, n'attire nos regards que par son importance matérielle. En tête de ce protestantisme bâtard, nous voyons l'Église anglicane. Henri VIII (et je n'examine pas ici les petits détails personnels et l'occasion de sa lutte ; je ne pense pas qu'un homme puisse intéresser et passionner longtemps, même après sa mort, un grand peuple pour de mesquins intérêts personnels) sentit l'abus que faisait le pape de sa puissance spirituelle, il sentit combien était précaire le pouvoir d'un souverain qui, ayant la personne et les intérêts matériels de ses sujets sous la main, voyait que le roi de leur conscience était à Rome. En agitant, en inquiétant les consciences, le pape du haut du Vatican pouvait, comme Éole, déchaîner les tempêtes. Enlever cette puissance au pape et la prendre pour lui, lui sembla une très bonne politique. Ainsi, sa puissance sur ses sujets serait complète : il aurait à la fois, et leurs intérêts matériels et leur conscience, l'homme tout entier. Les évêques, dans ce système, tous les ministres de la religion, institués, créés par le pouvoir et pour lui, deviennent des officiers de police au département de la conscience, des fonctionnaires publics, ce qui constitue la dégradation suprême du christianisme. Maintenant, voyez marcher cette société repliée sur elle-même, cette société dont les chefs ont en leurs mains tous les mobiles de l'activité individuelle, elle fera de grandes choses dans l'ordre matériel ; car elle est sûre d'elle-même, car les éléments principaux qui la composent sont essentiels. On n'y peut rien toucher que tout ne remue, tout est bien soudé ensemble, et l'ordre de choses actuel ne

peut y périr que tout d'une pièce ou par un grand
choc extérieur, ou par l'abus de son propre principe.
Il est à désirer pour l'instruction de l'humanité qu'il
périsse de cette seconde manière. Les Anglais détestent la papauté ; je conçois qu'ils la détestent par
raison d'Etat. Mais leur religion n'est autre chose
qu'un papisme exagéré , c'est-à-dire la religion mise
au service des pouvoirs établis, ne laissant rien espérer aux classes souffrantes sur cette terre, et échappant aux exigences de la morale en reléguant éternellement la réalisation de ses vœux dans une autre vie.

Très appréciable et digne des sympathies de la pos-
térité, par les abus qu'elle a détruits, la réformation
protestante soulève de puissantes critiques quand on
examine ce qu'elle a voulu édifier. Pourtant une vérité
surgit chaque fois qu'une erreur disparaît ; c'est de
cette manière que la réformation a été féconde ; elle a
écarté les nuages qui voilaient la lumière. La conscience humaine était désormais sûre d'elle-même,
elle échauffait tous les peuples impatients de la lutte,
impatients d'essayer si les puissances résisteraient à
leur terrible choc. Il ne fallait qu'une chose, laisser la
conscience libre dans ses mouvements et ses inspirations, dégagée de ce qui voudrait non-seulement la
contenir, mais l'asservir. Son mot, mot rénovateur,
est resté, proclamé, adopté par tous et passé à l'état de
vérité fondamentale : *Liberté de conscience ;* mot plus
large dans sa signification que ne croyaient tous ceux
qui s'en servaient. Liberté de conscience ne signifie
pas seulement croire ce qu'on veut , admettre ou re-

jeter telle pratique, cela signifie, avant tout, que la conscience ne doit se taire devant aucun fait, et que tout, en ce monde, est du domaine de sa libre critique, et par conséquent que chacun doit tendre à y détruire ce qui est mauvais et édifier ce qui est bon. En un mot, il faut que la conscience soit toujours le tribunal inflexible où comparaîtront les puissances de la terre pour y être condamnées ou absoutes, pour avoir leur brevet de vie ou de mort dans l'avenir. Il faut qu'elle soit la conspiration éternelle, afin de réaliser ces paroles du Christ : « *Je ne suis pas venu apporter la paix, mais la guerre.* » Non pas de paix avec le mal, pas de transaction, même en ce monde, pas d'alliance impure, pas de honteuse halte dans la boue.

La France a pris à la réformation ce qu'elle renfermait de juste comme critique; mais on peut dire qu'elle ne s'est pas passionnée pour ses doctrines. Elle a secoué le joug de la puissance temporelle des papes, elle l'a secoué complètement du moment que la conscience humaine étant bien reglée, bien sûre d'elle-même, le pape ne pouvait plus que l'égarer, soit en la prosternant aux pieds des rois, en les déclarant rois de droit divin, soit en la courbant à ses propres pieds en proclamant sa suprématie temporelle.

La conscience humaine, disons-nous, était réglée, sûre d'elle-même. Pour cela, la puissance temporelle des papes avait été très utile, comme moyen mis à sa disposition, dans l'ardeur de la lutte. Mais maintenant ce résultat est acquis, on va la voir à l'œuvre. Le pape a peur, il voudrait éterniser dans ses mains cette puissance qui n'était qu'un moyen transitoire, les rois ont peur du pape. Ils ne savent pas que le pape n'était que l'instrument, et que le danger pour eux est chez eux, que les foudres de Rome éteintes, le peuple fera sa besogne tout seul et que va commencer l'ère des révolutions.

Qu'importent maintenant (et ici je ne regarde la religion qu'au point de vue de son influence sociale) qu'importent de vaines discussions sur des dogmes, des cérémonies, des points historiques ? Qui pourra désarmer et corrompre la conscience humaine ? Voltaire lui-même, s'animant outre mesure dans une lutte juste dans le principe, en viendra enfin à perdre complétement la tête et à ne plus savoir où il va. Il doutera du progrès : *Tout est bien mal, dit-il, mais cela sera toujours ainsi.* Voltaire ne croyait pas à l'émancipation collective du peuple, car il ne croyait pas à la conscience humaine. Son rôle fut de chercher ce qu'on pouvait faire avec les matériaux actuellement existants, quels intérêts, quelles rancunes étaient bonnes à servir, à établir en un mot le pouvoir de droit où il était réellement de fait. Il fut l'homme des gros bourgeois du tiers-état. Les gros bourgeois du tiers-état, hommes essentiellement calculateurs et rationalistes, devaient abhorer la chevalerie, sublime enthousiasme de la conscience ; Voltaire leur donna la Pucelle. Ces gros bourgeois avaient peur de l'Eglise, qui, sanctionnant ce qui était, les empêchait d'arriver, qui surtout commandait au nom de la conscience humaine. Il y avait une œuvre utile à faire, à séparer le pouvoir temporel du spirituel; mais pour que la bourgeoisie en prenant le pouvoir ne fût pas inquiète de savoir derrière elle le peuple armé de la Bible, Voltaire tâcha de tuer la Bible. Chacun peut faire cette observation en lisant les œuvres historiques et philosophiques de Voltaire et de son école : il semble qu'on voit un beau corps sans âme; nul principe large et fécond où on puisse se désaltérer, nulle étoile pour vous guider. L'histoire est un jeu où tout arrive par de petits moyens, une leçon d'égoïsme. Le peuple est la matière première avec laquelle certains hommes acquièrent de la gloire et de la puissance, et il en sera toujours ainsi. Le philosophe est celui qui, sachant se mettre à l'abri des injures des puissants, se procure les moyens de vivre tranquille, en jugeant tout du sein de sa sécurité individuelle. Où va l'humanité, que peut-elle espérer, quels guides doit-elle suivre? Je n'en sais rien, vous dira-t-il; je veux la paix avant tout, vivre aussi heureux que possible en faisant le moins de mal possible. Que chacun en fasse autant. Le peuple est une bête féroce à museler, la France est moitié tigre, moitié singe, et en définitive l'opinion qui prétend que tout meurt avec nous me semble la plus probable. Tout ceci, on le sait, est textuellement dans Voltaire. Aussi la spécialité de cet homme fut la lutte. Quand on l'a loué comme admirable lutteur, tout semble dit. Il détruisit beaucoup de mauvaises choses, et quand il y en avait de bonnes mêlées aux mauvaises, il ne se donna pas la peine de distinguer, et détruisit aussi les bonnes. Voulant en-

lever la conscience humaine aux influences corrup-
trices des prêtres et du pape qui voulaient s'arrêter,
et ne plus rien lui laisser démolir dans le monde ; car
ils ne voulaient pas laisser démolir leur propre puissance, il en vint à nier la conscience, à dire que la
raison suffisait à tout. La pauvre humanité sortie de
ses mains semblait un eunuque n'ayant plus que des
yeux pour voir et pour désirer.

Quoique je ne parle ici que de la lutte contre le pape
et les prêtres, mes réflexions peuvent s'appliquer aussi
bien, et même mieux encore aux grands cultes de la
réformation. Eux aussi en effet s'agenouillaient auprès
des grands et leur enchaînaient la conscience des
peuples. Aussi tous meurent ou sont morts sous l'indifférence publique. Et d'où vient cette indifférence
qu'on voit se manifester généralement en Europe à
l'égard des divers égards cultes ?

M. de Lamennais a fait un fort beau livre sur cette
matière pour combattre cette tendance, et comme il
était homme de génie avant d'être homme de parti,
il a fini par comprendre que le siècle avait raison, et
s'est mis à marcher avec le siècle et même en avant.
D'où vient donc cette indifférence ? Elle vient de ce
que la conscience humaine étant fixée, les principes
généraux de moralité connus et adoptés, sinon appliqués, et que les prêtres et ministres des divers cultes
oubliaient qu'ils devaient servir la religion. Ils ne la
servaient guère et s'en servaient trop. Le clergé catholique surtout avait la manie, que dis-je, la fu-
reur du pouvoir temporel. Les bons curés de campa-

gne, qui sont l'immense majorité, recrutés généralement dans les classes intermédiaires de la société,
avaient beau vouloir se renfermer dans les bornes de
leur ministère, je ne sais quel vent réacteur soufflait
tout à coup, leur égarait la pensée. Ils s'imaginaient
être faits pour dominer temporellement, pour soutenir les rois, pour les gouverner eux-mêmes en les
intimidant, pour établir la suprématie des papes.
C'est là le caractère de l'esprit jésuitique, si odieux,
si justement flétri en France. Ce que la papauté avait
entrevu et rêvé pour elle et les siens; ce qu'elle était
parvenue quelquefois à obtenir dans des moments de
lutte, ces gens veulent le réaliser, et en faire la règle
de l'avenir. C'était un si beau rêve en effet, et il est
si pénible de l'abandonner, quand on a vu sa réalisation de si près! Se faire les arbitres de la conscience
humaine, le plus fort levier imaginable, la force irrésistible, s'en rendre maître, en faire hommage aux
puissants, leur dire : « Voyez, avec nous, vous êtes
éternels; vous n'avez rien à redouter de l'avenir. Mais
qu'avez-vous à nous donner pour nos peines? » L'humanité ne marchera plus, elle s'arrêtera là, entre
vous et nous, et nous allons lui enseigner que ses es-
pérances ne peuvent se réaliser que dans un autre
monde. Aussi quelles luttes n'a-t-il pas fallu soutenir
contre des adversaires disposant de pareils moyens,
pour déraciner cette milice romaine, se glorifiant de
l'impopularité et disant au clergé de France comme
jadis Satan à Jésus : « Vois du haut de cette monta-
gne, vois toutes les richesses de ce monde, les puis-

sances et les dominations, les rois et les grands vassaux ; eh bien, tout cela je puis te le donner, si tu veux suivre mes conseils et partager ma destinée. » Le clergé de France hésita ; mais les événements marchaient, le trône de Charles X tomba malgré son droit divin, malgré ce cantique de Saint-Sulpice, où l'on faisait chanter aux fidèles : « Toujours en France, les Bourbons et la foi. » Et ensuite le clergé sépara sa cause de ces dangereux et impopulaires conseillers.

Sans doute, dans la lutte contre ces dominateurs des consciences, on dut entrer trop avant dans le rationalisme, proclamer même la souveraineté absolue de la raison pour leur échapper tout-à-fait ; mais l'indifférence religieuse devait en résulter nécessairement. Pourtant ne vous hâtez pas de croire que la foi est morte. Non, jamais il n'y eut tant de foi qu'à ces époques, dans les grandes vérités que le christianisme avait portées au monde. On croyait que tous les hommes étaient frères, égaux, et qu'ils n'avaient qu'un maître qui est aux cieux, et ce maître ou Dieu, n'est autre que l'éternelle justice, l'éternelle bonté, la sanction et glorification de toutes les sublimes aspirations d'une conscience pure. Il fallait avoir une foi bien vive, et croire cette cause bien sainte, pour essayer de renouveler entièrement la société, et l'établir sur de nouvelles bases. Ce n'est pas la philosophie qui pouvait y pousser l'humanité avec cette ardeur qu'on a vue, cette persévérance, ce dévouement. La philosophie, j'entends la philosophie rationaliste, est la meilleure amie des rois, comme Voltaire l'écrivait à Frédéric, et ce n'était pas là une de ces flatteries sans conséquence qu'il prodiguait chaque jour ; non, il le croyait réellement, les rois le croyaient, leur instinct ne les trompait pas, et on les vit former une sainte ligue philosophique. Frédéric aimait les philosophes et ne détestait pas les jésuites. Il avait vu le parti qu'on pouvait tirer de ces derniers.

Il est évident que la société moderne est fille du christianisme. Nier ses bienfaits est absurde. L'humanité malgré ses douleurs, ses rêves, ses philosophes ne pouvait briser ses liens, et après de violents efforts on la voyait retomber, épuisée de lassitude. Le fait la contredisait si brutalement qu'elle perdait l'espérance. Brutus blasphémait aux plaines de Philippe, il disait : « Vertu tu n'es qu'un nom. » Ce n'est pas la culture intellectuelle pourtant qui manqua à Athènes ou à Rome ; on y avait de grands orateurs, de grands historiens, de grands poètes, de grands philosophes. Malgré cela, l'humanité ne progressait pas, et ces lueurs qui couronnaient les sommités de l'édifice social ne suffisaient pas à cacher une immense dépravation, d'immenses injustices, d'immenses douleurs. Quand Tacite écrivait, Rome gémissait sous les plus hideux Césars, et sa parole était un cri de désespoir, une résignation sombre et muette ; l'avenir semblait lourd. Chacun gémissait en disant : « C'est le destin. » La société allait d'abîmes en abîmes. L'empire s'affaissant sur les rouages usés du gouvernement, chacun oublia la chose publique pour ne songer qu'à lui-même. La religion romaine étant,

avant tout, uniquement une religion politique, c'est-
à-dire la glorification du fait, l'ordre politique s'écrou-
lait, la conscience publique n'eut plus de sanction et
s'égara. La raison examinant ces faits, les discuta,
les compara. Ce fut son œuvre. Elle était impuissante à rien édifier. La conscience romaine était
une conscience politique , ayant l'État pour religion.
L'État en est plus fort comme nous l'avons dit ; mais
l'individu en est bien plus faible. Il en était ainsi dans
toute l'antiquité, et encore aujourd'hui chez presque
tous les peuples non chrétiens.

La religion chrétienne est, au contraire, de sa nature éminemment sociale, transformant graduellement
la société, tâchant de la produire selon l'image intérieure de perfection qu'elle a créé en chacun de nous.
Elle mine sourdement, patiemment, tout les obstacles, et cette œuvre, imperceptible chaque jour,
étonne au bout des siècles. Voilà ce que signifie ce
mot *social*, si mal entendu aujourd'hui , qui épouvante et fait trembler, quand il devrait au contraire
rassurer et consoler. L'individu se connaissant, se com-
prenant ainsi est doué d'une force surprenante , il
devient à la lettre le *justum et tenacem propositi
virum*, dont parle Horace. Les ruines ne l'ébranleront
pas, il porte en lui tout les éléments de sa croyance,
de sa volonté, il porte en lui tout un monde, impérissable, inattaquable, un monde imaginaire, qui sera
dans l'avenir un monde réel.

Que pensaient donc ces philosophes du xviiie siècle,
en attaquant le christianisme, en cherchant à le dé-

truire pour frayer, disaient-ils, la voix du progrès ?
Mais Rome païenne avait parfaitement compris ce caractère essentiellement progressif, essentiellement
novateur du christianisme. Elle le persécuta, elle si
tolérante envers toutes les religions. Elle le persécuta
parce qu'il était socialiste. Les autres religions, nous
venons de le dire, étaient essentiellement politiques.
En les adoptant, elle amenait à elle la conscience
générale des peuples. Le christianisme au contraire
s'introduisait dans la société, en avouant sa mission
de la transformer. De là cette guerre à outrance qu'on
lui fit, cette guerre ou le Galiléen vainquit. De là
commence cette ascension lente, progressive de l'humanité, au domaine de la fraternité universelle.

Qu'importe au fond de cette précieuse doctrine,
que ses ministres en aient abusé au profit de leur influence personnelle. Attaquez les prêtres, je le conçois, je vous applaudis. Il y a de quoi attaquer en effet,
et je conçois que les philosophes du xviiie siècle, en
voyant les scandales, l'incrédulité du haut clergé, aient
jeté un cri d'indignation.

Un service immense qu'ils ont rendu à la cause du
progrès, et au christianisme lui-même, a été de l'em-
pêcher de devenir une religion politique, tendance
bien prononcée dans le clergé, et de lui conserver
son caractère social.

Aujourd'hui, ceux qui attaquent les jésuites, toujours entêtés dans leur projet de faire une religion
politique, rendent un immense service à la religion.
Ces jésuites sont si aveugles dans leur système, qu'on

leur a proposé récemment une alliance monstrueuse
et qu'ils l'ont acceptée. La bourgeoisie les a attaqués
à outrance quand les grands pouvoirs étant debout,
ils voulaient établir la royauté de droit divin. On les
a poursuivis d'injures, de huées, de persécutions, et
même de calomnies. La bourgeoisie étant le seul
pouvoir debout en France, connaissant leur soif d'influence, vient de leur offrir de les accepter, de les
réhabiliter même, s'ils veulent entrer à sa solde et la
déclarer elle-même de droit divin, du haut des chai-
res, en face du peuple. On dit que ces misérables ont
accepté. En effet, on en voit un grand nombre dans
leurs églises se mettre à l'ouvrage avec cette ardeur
frénétique qui les caractérise. Ne vont-ils pas encore
essayer d'entraîner à leur suite, nos bons et moraux
curés des campagnes? J'en ai bien peur. Mais l'opinion publique veille, et un danger connu est à moitié
évité.

Voilà où nous en sommes aujourd'hui. Nos prêtres
ne peuvent se pénétrer profondément de l'esprit de
l'Évangile. Ils ne peuvent pas se résigner à n'être que
prêtres, quoiqu'il y ait pour eux un rôle sublime à
remplir. S'accrochant à toutes les puissances, grands
seigneurs sous la monarchie, bougeois aujourd'hui,
ils ne voient pas qu'ils peuvent avoir une vie propre
à eux, indépendante. Aussi tremblent-ils toujours, et
ont-ils peur de l'avenir comme du chaos; l'avenir
pourtant, c'est leur domaine, et les premiers chrétiens
n'en avaient pas peur. Les premiers chrétiens oubliaient le présent, l'attaquaient partout et toujours,

victimes souvent, mais laissant aux cœurs des peuples
une mémoire impérissable. Aussi n'étaient-ils pas si
souvent obligés de se défendre que les chrétiens de
nos jours. Lisez saint Jean Chrysostôme, lisez ensuite
un sermon ou une conférence d'un des plus grands
prédicateurs modernes. Saint Jean Chrysostôme at-
taque toujours et violemment la société, l'autre au
contraire la défend toujours. C'est le signe de la force,
le gage assuré de la victoire, de toujours attaquer,
comme de la faiblesse de toujours se défendre, pour
être à la fin vaincue.

Le peuple ne peut pas rester oisif, et s'amuser à
des discussions sans importance pour lui. Que lui
importe que les trois ou quatre points de votre discours soient discutés logiquement, et que vous ayez
même produit un peu d'effet par votre éloquence.
Voulez-vous qu'il vous soit sympathique ? Voyons : sa
conscience souffre, froissée par mille injustices sociales, son corps souffre ; allez, montez en chaire et
faites vous l'écho de ses justes douleurs, intimidez,
menacez les oppresseurs au nom de Dieu. Aidez-le de
votre parole et des puissants moyens de votre ministère ; il ne vous chicanera pas ensuite pour quelques
points de dogme que sa raison ne comprend pas, et
il ne perdra pas la foi pour cela ; il sentira que vous
représentez les inspirations de sa conscience, et il
vous sera dévoué.

S'il y a antagonisme entre la raison et la foi, les
discussions pour ou contre ne peuvent amuser que
quelques lettrés oisifs ; le peuple ne s'est jamais pas-

sionné pour si peu. Il sent que sa foi, c'est sa conscience, la première étant la sanction de la seconde ;
sa conscience c'est l'image de la vérité pure, du bien
idéal. Si sa foi contredit sa raison sur quelques points,
ces points sont de peu d'importance pour son intérêt
particulier et pour l'intérêt général. Or, l'humanité
ne s'intéresse pas aux entêtements des orgueils individuels ; et jamais toute la moquerie de la philosophie
n'aurait ébranlé la foi du peuple, si les prêtres avaient
compris leur mission, et avaient continué d'être les
interprètes, les auxiliaires de la conscience humaine,
s'ils l'avaient aidée à réaliser ses aspirations. Les soldats n'abandonnent pas leurs chefs, quand ceux-ci
les conduisent à la victoire ; ils doivent les abandonner et les détester, quand ils les livrent à l'ennemi,
quand ils stipulent pour eux le prix de la trahison.
Donc, prêtres, si vous êtes véritablement les hommes
du Christ, revenez, revenez au peuple, revenez à lui
répentants, et il vous montrera qu'il sait pardonner
les injures. Ce jour-là sera un grand jour, le peuple
aura converti ses prêtres.

Ce résultat est d'autant plus désirable que le peuple
se voyant, se réunissant dans les églises, y entendant
une parole sympathique, respectant l'orateur pour
son caractère sacré, peu suspect d'ambition personnelle, moins suspect que tout autre, sentirait se briser ce terrible et abrutissant isolement social, créé
par la bourgeoisie, en glorification de l'individualisme :
chacun tremblerait sous le regard de tous et ne pourrait pas fuir ce regard; l'isolement social, cette plaie

cachée et vivace de notre civilisation moderne, où les individus meurent et se désespèrent, sans pouvoir au moins apercevoir la main qui les frappe, parce que ce sont les rouages sociaux qui, par leur mouvement général, vous rejettent en dehors de la ligne et vous brisent, a broyé bien des existences et menace d'en broyer beaucoup encore; l'isolement social dernière expression du rationalisme philosophique, a fait de la société une arène, un champ de bataille, où l'individu vient combattre pour arracher sa part de butin, et la transporter chez lui à couvert, sous la protection de la loi.

Ainsi il n'y a plus de castes, mais chaque famille est une espèce de caste; que dis-je, chaque famille, chaque individu! Combien en voyons-nous, de pauvres victimes, qui, venues sans armes sur ce champ de bataille, ne peuvent y prendre la part nécessaire pour vivre, à côté d'autres qui se gorgent et meurent chargées de dépouilles, et qui, elles, s'étiolent et tombent de langueur, sans un regard, sans un regret, sans une marque de sympathie. Que voulez-vous? Voilà la société telle que le rationalisme bourgeois nous l'a faite. Il n'y a pas de frères, il n'y a que des vainqueurs et des victimes! des victimes dont l'égoïsme individuel, hyène féroce, vient dévorer les cadavres! N'est-ce pas assez encore? Veut-on déclarer cet ordre de choses nécessaire, et écrire au frontispice ce mot du Dante, à la porte des enfers : « Ici plus d'espérance. »

Oh! non, docteurs, non, vous ne me persuaderez

jamais cela ; jamais vous ne me ferez croire que nous avons enfin trouvé les vrais rapports, *nécessaires*, qui dérivent de la nature des choses. L'humanité a marché, elle marchera encore, et trouvera d'autres rapports plus en harmonie avec la nature des êtres. L'homme connaît sa nature, il se connaît lui-même, sa conscience vaut mieux que ses lois ; ses lois se purifieront, et s'il le faut, l'alliage impur se dissoudra encore dans l'ardente fournaise des révolutions.

Venez donc à nous, ô vous tous, jeunes hommes, à qui l'avenir appartient, et qui n'en avez pas peur : venez jeunes prêtres, nos bras vous sont ouverts ; nous aussi nous aimons le pauvre ; nous aussi sommes fils de l'Évangile, animés de son esprit, brûlants de son amour. Soyons fiers aussi de notre patrie, si grande par son initiative, si grande par ses douleurs. Elle aussi peut dire : « Jamais nation n'a autant souffert que moi pour l'humanité. » Comme Prométhée, attaché au flanc d'un rocher nu, elle a vu son cœur déchiré par tous les égoïsmes indigènes et européens coalisés. Voyant saigner son flanc ouvert, elle leur a dit : « Mange vautour, mange ma jeunesse, mange ma chair, ton bec en deviendra long d'une aune, et tes ailes d'un empan, car tu manges la chair d'un brave. »

En effet, la lumière a lui. Les peuples ont vu ce qu'ils étaient, ce qu'ils pouvaient ; les idées morales ont pénétré tous les individus, et ce travail lent et souterrain, échappant par sa nature au contrôle des pouvoirs établis, se révèle tout à-coup par des jets

vigoureux, par des fusées d'enthousiasme. *Mens agi-
tat molem*. L'émancipation politique sera bientôt un
fait accompli ; l'émancipation sociale commence.
Chacun sent ce qu'il vaut, et veut devenir ce qu'il
vaut. Il veut aplanir les obstacles qui gênent son action, et quand un certain nombre de volontés sont
d'accord les obstacles s'aplanissent ; il ne faut donc
qu'une chose, c'est que les volontés se forment énergiques ; pour que les volontés se forment énergiques,
il leur faut une base solide, qui les garantisse du contact énervant qu'exerce la puissance, qu'accepte l'é-
goïsme. Autrement, on n'aboutit qu'à l'émancipation
particulière de quelques individus, chefs du mouve
ment ; mais quand les volontés sont énergiques,
qu'elles ont pour base la conscience éclairée du grand
nombre, les individus ne sont plus que des instruments
dont on se sert et qu'on abandonne suivant leur uti-
lité. Plusieurs chefs populaires ont fait cette expérience et ont accusé le peuple d'ingratitude, comme
si le peuple ne se devait pas avant tout à lui-même,
comme si la logique des idées traduite par celle des
faits, pouvait s'arrêter devant un homme.

Oui, quand nous avons vu chaque peuple vivre assez
longtemps pour accomplir sa destinée; quand chaque
nation a pu réaliser ses rêves. et en sonder toute la va-
nité sitôt qu'elle les a eu réalisés. Quand le but où tendait
la conscience publique est apparu à chacun vivant et
palpable dans l'ordre social ; quand la Grèce ivre de
la beauté, a pu librement en jouir dans la nature, la
créer dans les travaux de ses grands hommes, et mou-

rir d'épuisement au sein de son ivresse et de son adoration car elle ne pouvait désirer autre chose ; elle a réalisé sur la terre son olympe autant qu'il était possible. Quand Rome ivre de puissance et de domination, Rome idolâtre de la force a pu asservir le monde, et faire sentir partout la pesanteur de son bras, car Rome ne pouvait désirer autre chose, et elle aussi a réalisé sur la terre son olympe autant qu'il était possible. Son olympe était si bien une imitation de la terre, un plagiat où dominait la force par-dessus tout, que lorsque les institutions penchèrent sur leur déclin, la religion, politique avant tout, apothéosait les empereurs morts, leurs ministres, leurs favoris. Antinoüs fut mis au rang des Dieux. Tacite où le sens moral apparaît si souvent dans toute sa pureté, toute son énergie, parlant d'une conduite vertueuse et digne d'être récompensée par les Dieux, ajoute : *si tant est que les Dieux s'occupent des choses d'ici-bas.* On a pu voir par là combien c'est une base et une sanction fragiles pour la conscience, une religion politique. Sitôt que les institutions étant corrompues, l'homme douta de l'étoile de Rome, le même jour il douta de sa conscience. Aussi quand Rome fut engloutie par le flot des barbares, depuis longtemps il n'y avait plus de Romains.

On est vraiment étonné en voyant combien la vie des peuples ressemble à celle des individus dans toutes ses phases. La vie des peuples gouvernés sous l'empire d'une religion politique, produit une ivresse morale nommée fanatisme, qui aide certainement à ac-

complir de grandes choses, mais sans que les peuples,
pour ainsi dire, en aient conscience; à la suite de cette
ivresse, un affaissement général se produit comme
après toute action violente qui a surexcité les facultés
physiques et morales, et cette atonie, ce dégoût, ce
malaise, sont presque sans remède. Un peuple se cherche lui-même et ne se trouve pas, il s'use en regrets,
en convulsions impuissantes; il meurt littéralement,
et de nouvelles générations animées de croyances nouvelles viennent le remplacer. Voyez aujourd'ui l'empire
turc. Les premiers chrétiens avait certainement l'ivresse, le fanatisme de leurs convictions; mais c'é-
tait le fanatisme de l'idée pure, dégagée de toute
forme extérieure, toute en dehors des faits; les pouvoirs, les faits passent, l'idée ne meurt pas. L'empire
turc est, aujourd'hui, la plus évidente incarnation
du vieux système des religions politiques, il n'a rien
de l'esprit progressif moderne, et reste là, mourant
sous les yeux de l'Europe comme un terrible ensei-
gnement.

Comme tout cela est différent de nos sociétés modernes? de la France, par exemple, où les institutions changent, où les plus anciennes, les plus glo-
rieuses, celles qui semblent les plus solides tombent
et disparaissent, laissant après elles un peuple éternellement jeune, éternellement vivace, allant à l'avenir plein d'une confiance enthousiaste.

Rien n'a pu éteindre, ni même égarer longtemps
le feu sacré de la France; le despotisme de Louis XIV,
le règne énervant de Louis XV, le renversement

en 1793 de tout l'édifice ont laissé des regrets dans quelques familles, des préjugés que le temps chaque jour efface. Mais la conscience publique est restée intacte, elle s'est développée et a formulé son symbole social en trois mots : Liberté, Égalité, Fraternité, puis l'empire est venu avec Napoléon, et, malgré ses fanatiques, il n'a pu être qu'un instrument passager, il est tombé, et la conscience publique a pu édifier sur ses ruines. Aussi Napoléon qui était en contact avec beaucoup de choses et qui a eu par cela même l'occasion de les apprécier sûrement, sentait bien sa faiblesse au milieu de sa gloire et de sa puissance. Si j'étais venu en d'autres temps, dit-il, dans le *Mémorial de Sainte-Hélène*, l'empire aurait pu devenir une religion ; Alexandre, César, Mahomet s'attachaient les peuples d'une manière invincible en s'attachant les consciences ; ils se prétendaient en communication avec les Dieux ; mais aujourd'hui, un homme, si grand qu'il soit, ne peut être qu'un homme.

C'est qu'en effet, la conscience humaine n'appartient plus au premier grand homme qui vient étonner les peuples par son génie, les accabler par sa puissance. Elle se connaît, se suffit, s'appartient à elle-même, et c'est bien heureux pour les peuples qui ne se donnent ainsi jamais tout entiers, et qu'ainsi les secousses politiques laissent toujours debout; c'est le grand avantage qu'ils retirent de n'avoir pas une religion politique. C'est pourquoi Napoléon qui avait l'instinct de la puissance avant tout, détestait si fort Voltaire. Voltaire, et c'est la bonne partie de son œuvre, avait dissous à jamais l'union de la religion avec la politique, et isolé des pouvoirs la conscience humaine. Les puissants pourront prendre les corps, les corps seulement, au-delà l'homme conserve l'indépendance de son jugement, et se réserve l'avenir. On sent combien sont faibles les pouvoirs dans une pareille situation ; on sent en même temps combien les peuples sont forts.

Si donc, chaque peuple est mort après avoir épuisé les instincts de sa conscience, et senti leur néant en touchant leur réalisation, on peut dire que la France aux instincts vastes, purs, infinis, a encore de longs siècles à vivre, avant de réaliser ses généreuses inspirations, avant de voir dans les faits ce qui est dans sa conscience, avant de pouvoir dire : *et vere Verbum caro factum est*, le Verbe s'est réellement fait chair.

Car la religion chrétienne est avant tout sociale, c'est son essence, sa gloire, le gage de sa durée.

Car la France n'est pas une société d'animaux seulement raisonnables. Une telle société ne pourrait exister. Il n'y a pas de lois capables de retenir de tels animaux. Les principes moraux seuls peuvent être un ciment suffisant, et surtout un mobile de progrès.

Paris. Imp. Lacour et Cie, rue Saint-Hyacinthe-Saint-Michel, 33.

Chez le même éditeur,

Ces opuscules que M. Sandon livre aujourd'hui au public ne sont que des fragments *d'une histoire complète du droit* qui commencera à paraître le 15 novembre de cette année, un volume tous les deux mois.

Cet ouvrage se composera de 15 volumes in-8° divisés ainsi :

Histoire du droit dans l'antiquité, 5 vol.

Id.   du droit au moyen-âge,   6 vol.

Id.   du droit moderne,   4 vol.

Le prix du volume sera de 5 francs et on pourra vendre séparément chaque série quoique les trois séries forment un ouvrage suivi et complet. — L'auteur pense que l'histoire du droit est la meilleure philosophie de l'histoire.

Organisation du travail, par Louis Blanc, 5e édit., 1 vol, in-18, 1 fr.

Du système de M. Louis Blanc, ou le Travail, l'Association et l'Impot; par Léon Faucher, représentant du peuple,   1 vol. in-18. 75 c.

Ouvrages de P.-J. Proudhon :

De la célébration du Dimanche,   75 c.

Qu'est-ce que la Propriété? (1er Mémoire.)   2 fr. 50 c.

Qu'est-ce que la Propriété ? (2e Mémoire.) Lettres à M. Blanqui, sur la Propricté,   1 fr. 50 c.

Avertissement aux Propriétaires, ou lettres à M. Considérant, sur une défense de la propriété,   1 fr.

Organisation du Crédit et de la Circulation, et Solution du Problème social.   50 c.

De la Création de l'Ordre dans l'Humanité, (2e édition avec des notes de l'auteur.   1 fort volume, 4 fr.

Résumé de la question sociale. Banque d'échange, avec une préface et des notes par Alfred Darimon, traducteur de la Théorie de Krause.   1 vol. in-18, 1 fr. 25 c.

De la concurrence entre les Chemins de fer et les Voies navigables,   1 fr.

Le Droit au Travail et le Droit de Propriété. In-12,   50 c.

Proposition sur l'Impôt et le Revenu, suivi du Discours prononcé à l'Assemblée nationale, le 31 juillet 1848.   1 vol. in-12, 50 c.

Système des Contradictions économiques,   2 vol. in-18, 15 fr.

Imprimerie LACOUR, rue Soufflot, 11, et rue S-Hyacinthe-S.-M., 33.